PACTO DAS CATACUMBAS

JOSÉ OSCAR BEOZZO

PACTO DAS CATACUMBAS

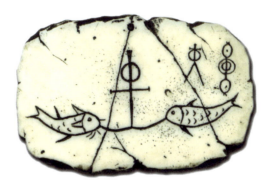

POR UMA IGREJA SERVIDORA E POBRE

Dados Internacionais de Catalogação na Publicação (CIP)
(Câmara Brasileira do Livro, SP, Brasil)

Beozzo, José Oscar
  Pacto das catacumbas : por uma igreja servidora e pobre / José Oscar Beozzo. – São Paulo : Paulinas, 2015.

  Bibliografia.
  ISBN 978-85-356-4041-0

  1. Concílio Vaticano (2. : 1962-1965) - História 2. Documentos oficiais 3. Igreja - Documentos 4. Igreja e pobres 5. Obras da Igreja junto aos pobres I. Título.

15-10062   CDD-262.5

Índice para catálogo sistemático:
1. Concílio Vaticano 2º : Documentos   262.5

1ª edição – 2015
3ª reimpressão – 2018

Os textos bíblicos foram tirados da Bíblia Pastoral, Nova edição, São Paulo: Paulus.

As citações do Concílio Vaticano II foram tomadas do *Compêndio do Concílio Vaticano II*, Petrópolis: Vozes, 1966 (1. ed.), salvo para algumas passagens em que a tradução foi refeita pelo autor.

Os símbolos paleocristãos utilizados na capa e no corpo do texto encontram-se nas lápides mortuárias das Catacumbas de Santa Domitila e foram gentilmente cedidos pela Comunidade da Congregação do Verbo Divino, responsável pelas Catacumbas.

Direção-geral: Bernadete Boff
Editora responsável: Vera Ivanise Bombonatto
Copidesque: Mônica Elaine G. S. da Costa
Coordenação de revisão: Marina Mendonça
Revisão: Ana Cecília Mari
Gerente de produção: Felício Calegaro Neto
Projeto gráfico: Jéssica Diniz Souza

Nenhuma parte desta obra poderá ser reproduzida ou transmitida por qualquer forma e/ou quaisquer meios (eletrônico ou mecânico, incluindo fotocópia e gravação) ou arquivada em qualquer sistema ou banco de dados sem permissão escrita da Editora. Direitos reservados.

Paulinas
Rua Dona Inácia Uchoa, 62
04110-020 – São Paulo – SP (Brasil)
Tel.: (11) 2125-3500
http://www.paulinas.com.br
editora@paulinas.com.br
Telemarketing e SAC: 0800-7010081
© Pia Sociedade Filhas de São Paulo – São Paulo, 2015

AGRADECIMENTOS

Agradecemos a Paulinas Editora por ter prontamente acolhido a sugestão de publicar o *Pacto das Catacumbas*, no seu cinquentenário, e colaborado para torná-la realidade, na pessoa da Ir. Vera Bombonatto.

Somos igualmente gratos aos pós-graduandos da Missiologia do ITESP que transcreveram os textos bíblicos, Frei Geraldo Bezerra de Souza, Pe. Gilberto Pereira de Mattos e Pe. Ricardo Esteban Hernandes Lopez, junto com Emerson Sbardelotti; a Nilda de Assis, que transcreveu os textos do Concílio Vaticano II, a Vitor Prudêncio, por escanear as fotos, e a Maria Helena Arrochellas Correa, que colaborou com a revisão; aos padres Arlindo Dias e José Antunes Silva, e ao Ir. Uwe Heisterhoff da Congregação do Verbo Divino, pelas fotos e símbolos das Catacumbas de Santa Domitila.

INTRODUÇÃO

A três semanas do encerramento do Concílio Vaticano II, nas Catacumbas de Santa Domitila, na periferia de Roma, de maneira discreta, um grupo de padres conciliares celebrou a Eucaristia sobre o túmulo dos mártires Nereu e Aquileu e assinou um compromisso de vida, trabalho e missão que ficou conhecido como Pacto das Catacumbas.

No dia 16 de novembro, celebram-se cinquenta anos (1965-2015) desse momento memorável, que marca a primeira recepção coletiva do Concílio Vaticano II. Ela foi precedida poucos meses antes, a partir da Quaresma de 1965, da entrada em vigor da reforma litúrgica, trazida pela Constituição *Sacrosanctum Concilium* sobre a Liturgia.

Essa "recepção" pelo Pacto traz uma marca toda especial. Aqueles bispos, pouco mais de quarenta, aos quais se somaram, nos dias seguintes, outros quinhentos, assumem o Concílio como um caminho de conversão e de compromisso pessoal com os pobres, seus sofrimentos, suas necessidades, suas lutas e esperanças. Não pregam para os outros, mas examinam a si mesmos e à sua Igreja. Assumem o propósito de ser pastores identificados com seu rebanho e querem que sua *Igreja* seja *servidora e pobre*.

Esse sonho e, ao mesmo tempo, compromisso de uma Igreja que buscava renovar-se, espelhando-se no Evangelho e no seguimento de Jesus, já estavam no coração e nos propósitos de João XXIII, quando convocou o Concílio, a 25 de janeiro de 1959. Ele o relembra com vigor a um mês da abertura do Vaticano II, na sua importante alocução radiofônica de 11 de setembro de 1962. Depois de evocar sua recente encíclica

9

Mater et Magistra, aponta como ponto luminoso na caminhada recente da Igreja Católica: "Em face dos países subdesenvolvidos, a Igreja apresenta-se – tal qual é e quer ser – como a Igreja de todos e particularmente a Igreja dos pobres".[1] Foi justamente de bispos vindos desses países subdesenvolvidos da Ásia, África e América Latina, aos quais se somaram alguns europeus e canadenses, que irrompeu a inquietação pelo tema da Igreja dos pobres e o empenho em sensibilizar os demais padres conciliares para as necessidades e angústias dos deserdados do mundo que formavam mais de dois terços da humanidade.

Um bispo da Igreja Melquita, Mons. Hakim, vindo da terra de Jesus, de Nazaré na Galileia, trouxe com ele para o Concílio um padre e uma religiosa: Paul Gauthier e Marie-Thérèse Lescase. Gauthier havia sido professor de Teologia Dogmática no Seminário Maior de Dijon, na França. Deixara o magistério para tornar-se operário da construção civil em Nazaré. Em torno dele formou-se a Fraternidade dos Companheiros de Jesus Carpinteiro, um pequeno grupo decidido a viver como Jesus, trabalhando com as próprias mãos e vivendo no meio da população pobre da periferia de Nazaré, formada por árabes, em sua maioria muçulmanos. Marie-Thérèse trocara a clausura do Carmelo por uma vida de contemplação e trabalho em Nazaré, iniciando o ramo feminino da Fraternidade.

Em Roma, os dois começaram a procurar bispos dispostos a propor o caminho de conversão a uma Igreja servidora e pobre.[2] Logo conquistaram Dom Helder Camara, arcebispo

---

[1] JOÃO XXIII, *Nuntius Radiophonicus* (11 set. 1962). ADP II/1, 348-354. Tradução portuguesa: KLOP II, 299-305, p. 301.

[2] GAUTHIER, Paul. *Jesus, l'Église et les Pauvres*. Réflexions nazaréennes pour le Concile. Paris, 1962.

auxiliar do Rio de Janeiro, RJ, depois arcebispo de Olinda e Recife, PE, e um bom grupo de bispos brasileiros,[3] assim como bispos de outros países sensíveis àquele apelo. Havia entre eles algumas figuras de proa do Concílio, como o Cardeal Pierre-Marie Gerlier de Lyon e seu bispo auxiliar, Mons. Alfred Ancel, do Instituto do Prado e que fora padre operário, assim como o cardeal de Bolonha, Giacomo Lercaro. Este se fez representar no grupo por um padre de sua diocese, Giuseppe Dossetti. Passaram a encontrar-se no pequeno apartamento alugado por Paul Gauthier e depois no Colégio belga. Propunham-se a "alimentar uma sensibilidade entre os

---

[3] Numa lista elaborada com base na presença das quatro primeiras reuniões realizadas no Colégio Belga, à *Via del Quirinale* 26, entre outubro e novembro de 1962, encontramos os nomes dos seguintes bispos brasileiros: 1. Helder Camara, arcebispo auxiliar do Rio de Janeiro, RJ; 2. Francisco Austregésilo de Mesquita, bispo de Afogados da Ingazeira, PE; 3. Gabriel Bueno Couto, bispo de Taubaté, SP; 4. Antônio Fragoso, bispo auxiliar de São Luís, MA; 5. Carlos Coelho Gouvea, arcebispo de Recife, PE; 6. Jorge Marcos de Oliveira, bispo de Santo André, SP; 7. João Batista Motta e Albuquerque, arcebispo de Vitória, ES; 8. Eugênio de Araújo Sales, administrador apostólico de Natal, RN; 9. Walfrido Vieira, bispo auxiliar de Salvador, BA, ou seja, 9 bispos em um total de 49 – Arquivo Lercaro 427. Durante a 3ª sessão, em 23 de outubro de 1964, o grupo de bispos e peritos agrupados em torno da *Igreja dos Pobres* endereçou carta ao Papa Paulo VI, anexando uma lista dos padres que participaram das reuniões do Colégio Belga. Nela, o número de bispos brasileiros participantes dobrou. Da lista anterior, desaparecem Dom Carlos Coelho Gouvea, falecido em março de 1964, e Dom Eugênio Sales, que deixou de frequentar o grupo. Nessa nova lista, há 16 brasileiros (18,6%), para um total de 86 padres. Os nomes que devem ser acrescentados à lista anterior de 1962 são os seguintes: 1. João Alano de Noday, OP, bispo de Porto Nacional, GO; 2. Henrique Golland Trindade, OFM, arcebispo de Botucatu, SP; 3. Adriano Hypolito Mandarino, OFM, bispo auxiliar de Salvador, BA; 4. José Lamartine Soares, bispo auxiliar de Olinda-Recife, PE; 5. Nivaldo Monte, bispo auxiliar de Aracaju, SE; 6. João José da Mota e Albuquerque, arcebispo de São Luís, MA; 7. Manuel Pereira da Costa, bispo de Campina Grande, PB; 8. Dom José Távora, arcebispo de Aracaju, SE. Entre os 26 teólogos, aparecem o nome de dois brasileiros: o Pe. Raimundo Caramuru de Barros, assessor da CNBB, e o Pe. Duarte, secretário de Dom José Vicente Távora (cf. Fondo Häring XXVI 2902.d, 23/10/1964).

membros do Concílio aos problemas da pobreza da Igreja e ao anúncio evangélico aos pobres".[4] O grupo colaborou com suas reflexões e respaldou a corajosa intervenção do cardeal arcebispo de Bolonha, Giacomo Lercaro, quando se iniciou a discussão sobre o esquema da Igreja nos últimos dias da primeira sessão conciliar. Lercaro interveio na Aula Conciliar no dia 6 de dezembro de 1962. Disse que o Concílio necessitava de um princípio unificador e vivificador, e que esse devia consistir no reconhecimento de que "esta era a hora dos pobres, dos milhões de pobres que se encontram por toda a face da terra, esta é a hora do mistério da Igreja, mãe dos pobres, esta é a hora do Cristo, sobretudo no pobre". Pedia que a problemática da pobreza fosse assumida como tema central e hegemônico do Concílio. Que não fosse um entre os muitos temas já enunciados, mas sim "o único tema de todo o Vaticano II".[5]

Seu discurso foi longamente aplaudido pelos padres conciliares, mas depois escassamente acolhido nos documentos, como deixou patente Dom Fragoso no seu depoimento sobre sua participação no grupo da "Igreja dos Pobres" e sobre o destino do tema no Concílio:

> Éramos 36 bispos, um patriarca, Máximo IV, alguns cardeais, entre eles [Giacomo] Lercaro, e uns arcebispos e bispos. De bispos,

---

[4] LERCARO, Giacomo. *Per la forza dello Spirito*. Discorsi conciliari. Nuova edizione a cura di Saretta Marotta. Bologna: EDB, 2014, p. 24. Sobre o grupo Igreja dos Pobres, cf. GAUTHIER, Paul. *Consolez mon peuple. Le Concile et l'Eglise des pauvres*. Paris: Les Éditions du Cerf, 1965 (Há uma edição brasileira do livro: *O Concílio e "A Igreja dos Pobres"*. Petrópolis, Vozes, 1967), e ainda MENOZZI, D. *Chiese, poveri, società nell'étà moderna e contemporanea*. Brescia: Queriniana, 1980.

[5] LERCARO, Giacomo. *Igreja e pobreza*: intervenção de Lercaro durante a 35ª Congregação Geral do Concílio (06/12/1962), AS I, 4, 327-330, publicada em italiano em LERCARO, Discorsi conciliari, op. cit., pp. 111-119. Citação à p. 114/5.

lembro-me de Mons. [Charles-Marie] Himmer, de Tournai [na Bélgica], de mim, e de outros não me lembro. O grupo começou na primeira seção. Tínhamos como secretários Paul Gauthier e Marie-Thérèse Lescase. O tema era a Igreja e os Pobres, começando pela identidade entre Jesus e os pobres. Lembro-me do argumento central: quando afirmamos a identidade entre Jesus e o pão consagrado: "isto é meu corpo", nós [o] adoramos e tiramos consequências para nossa espiritualidade, liturgia e tudo mais. Quando [se] afirma a identidade entre ele e os que não têm pão, casa, nós não tiramos as consequências para a espiritualidade, liturgia, ação pastoral. Lembro-me de que, na sessão final, fomos celebrar, numa das catacumbas, a Eucaristia final. Assinamos um compromisso nosso com os pobres: dar uma atenção prioritária aos pobres (não ter dinheiro em banco, patrimônio), e este compromisso chegou a ser assinado por 500 bispos.[6]

Contudo, Dom Fragoso fez também uma dura descoberta:

[O Concílio] permitiu-me descobrir [a releitura foi feita depois] que os pobres não estavam no coração e no horizonte dos bispos. Por isso, o Concílio não deu maior atenção ao tema. O Concílio permitiu-me sair daquele pessimismo sobre a natureza e dar-me alegria, mas não o vi reconciliando-se com os pobres.[7]

Na verdade o grupo da Igreja dos Pobres teve profundo impacto espiritual, mas não logrou que o Concílio todo assumisse essa direção, nem que os textos conciliares no seu

---

[6] Dom Antônio Fragoso (AF). Depoimento ao autor. Sobre o grupo Igreja dos Pobres e o Pacto das Catacumbas, cf. FESQUET, op. cit., pp. 1.121-1.122; CAPRILE, Giovanni, Passi concreti per uma "Chiesa Povera", in: *Il Concilio Vaticano II, Quarto Periodo – 1965*. Roma: Civiltà Cattolica, 1969, vol. V, pp. 534-536. A reprodução do compromisso, na versão portuguesa, encontra-se em KLOPPENBURG, Boaventura. O pacto da Igreja serva e pobre, in: *Concílio Vaticano II*, vol. V – Quarta Sessão (set.-dez. 1965). Petrópolis: Vozes, 1966, pp. 526-528.

[7] AF.

conjunto espelhassem suas preocupações, salvo em algumas passagens densas e luminosas, como o número 8 da Constituição dogmática sobre a Igreja, a *Lumen Gentium*:

> Mas assim como Cristo consumou a obra da redenção na pobreza e na perseguição, assim a Igreja é chamada a seguir o mesmo caminho a fim de comunicar aos homens os frutos da salvação. Cristo Jesus, "como subsistisse na condição de Deus, despojou-se a si mesmo, tomando a condição de servo" (Fl 2,6) e por nossa causa "fez-se pobre embora fosse rico" (2Cor 8,9): da mesma maneira a Igreja, embora necessite dos bens humanos para executar sua missão, não foi instituída para buscar a glória terrestre, mas para proclamar, também pelo seu próprio exemplo, a humildade e a abnegação. Cristo foi enviado pelo Pai para "evangelizar os pobres, sanar os contritos de coração" (Lc 4,18), "procurar e salvar o que tinha perecido" (Lc 19,10): semelhantemente a Igreja cerca de amor todos os afligidos pela fraqueza humana, reconhece mesmo nos pobres e sofredores a imagem de seu Fundador pobre e sofredor. Faz o possível para mitigar-lhes a pobreza e neles procura servir a Cristo. Mas enquanto Cristo, "santo, inocente, imaculado" (Hb 7,26), não conheceu o pecado (cf. 2Cor 5,21), mas veio para expiar apenas os pecados do povo (cf. Hb 2,17), a Igreja, reunindo em seu próprio seio os pecadores, ao mesmo tempo santa e sempre na necessidade de purificar-se, busca sem cessar a penitência e a renovação (LG 8/22).

Denis Pelletier aprofundou o estudo sobre a dinâmica desse grupo, suas tensões internas, suas iniciativas no plano institucional do Concílio, consideradas mais um fracasso do que um sucesso, e no plano pastoral e profético, em que alcançou grande repercussão.[8]

---

[8] PELLETIER, Denis. Une marginalité engagée: le groupe "Jesus, l'Église et les pauvres", in: LAMBERIGTS, M.; SOETENS, C.; GROOTAERS, J. (éd.). *Les Commissions Conciliaires à Vatican II*. Leuven: Bibliotheek van de Faculteit Godgleerdheid, 1996, pp. 63-89.

O que não foi possível alcançar no Concílio tornou-se realidade três anos depois na II Conferência Geral do Episcopado Latino-americano em Medellín, na Colômbia, em 1968.

O documento de Medellín sobre a Igreja tem como título "Pobreza da Igreja" e declara no seu preâmbulo:

O episcopado latino-americano não pode ficar indiferente perante as tremendas injustiças sociais existentes na América Latina que mantêm a maioria de nossos povos numa dolorosa pobreza e que, em muitíssimos casos, chega a ser miséria inumana. Um surdo clamor brota de milhões de homens, pedindo a seus pastores uma libertação que não lhes advém de nenhuma parte. [...] E chegam também a nós as queixas de que a jerarquia, o clero, e os religiosos são ricos e aliados dos ricos (DM 14, 1-2).

Toma em seguida como exemplo o próprio Jesus:

Cristo, Nosso Salvador, não apenas amou os pobres, mas "sendo rico se fez pobre", viveu na pobreza, concentrou sua missão no anúncio da libertação dos pobres e fundou sua Igreja, como sinal dessa pobreza entre os homens (DM 14, 7).

Acrescenta:

A pobreza de tantos irmãos clama por justiça, solidariedade, testemunho, compromisso, esforço e superação para o cumprimento pleno da missão salvífica confiada por Cristo (DM 14, 7).

E passando para as Orientações Pastorais, Medellín propõe:

Queremos que a Igreja da América Latina seja evangelizadora e solidária com os pobres, testemunha do valor dos bens do Reino e humilde servidora de todos os homens de nossos povos. Seus pastores e demais membros do Povo de Deus devem dar à sua vida, suas palavras e atitudes e ação, a coerência necessária com as exigências evangélicas e as necessidades dos homens latino-americanos (DM 14, 8).

Onze anos depois, a III Conferência Geral do Episcopado Latino-americano, em Puebla (1979), no México, parte de uma constatação que vai guiar toda sua reflexão:

> Comprovamos, pois, como o mais devastador e humilhante flagelo a situação de pobreza desumana em que vivem milhões de latino-americanos e que se exprime, por exemplo, em mortalidade infantil, em falta de moradia adequada, em problemas de saúde, salários de fome, desemprego e subemprego, desnutrição, instabilidade no trabalho, migrações maciças, forçadas e sem proteção (DP 29).
>
> Ao analisar mais a fundo tal situação, descobrimos que esta pobreza não é uma etapa casual, mas sim o produto de determinadas situações e estruturas econômicas, sociais e políticas, embora haja também outras causas da miséria (DP 30).

Puebla vai associar ao próprio Cristo os rostos dos que no passado e no presente do continente sofrem miséria e fome, na passagem talvez mais conhecida do seu documento final:

> Esta situação de extrema pobreza generalizada adquire, na vida real, feições concretíssimas, nas quais deveríamos reconhecer as feições sofredoras de Cristo, o Senhor, que nos questiona e interpela:
> - feições de indígenas e, com frequência, também de afro-americanos, que, vivendo segregados e em situações desumanas, podem ser considerados como os mais pobres dentre os pobres;
> - feições de camponeses, que, como grupo social, vivem relegados em quase todo o nosso Continente, sem terra, em situação de dependência interna e externa, submetidos a sistemas de comércio que os enganam e os exploram;
> - feições de operários, com frequência, mal remunerados, que têm dificuldade de se organizar e defender os próprios direitos;

- feições de subempregados e desempregados, despedidos pelas duras exigências das crises econômicas e, muitas vezes, de modelos desenvolvimentistas que submetem os trabalhadores e suas famílias a frios cálculos econômicos;

- feições de marginalizados e amontoados em nossas cidades, sofrendo o duplo impacto da carência dos bens materiais e da ostentação da riqueza de outros setores sociais;

- feições de crianças golpeadas pela pobreza ainda antes de nascer, impedidas que estão de realizar-se por causa de deficiências mentais e corporais irreparáveis, que as acompanharão por toda a vida; crianças abandonadas e muitas vezes exploradas de nossas cidades, resultado da pobreza e da desorganização moral da família;

- feições de jovens desorientados por não encontrarem seu lugar na sociedade e frustrados, sobretudo nas zonas rurais e urbanas marginalizadas, por falta de oportunidades de capacitação e de ocupação;

- feições de anciãos, cada vez mais numerosos, frequentemente postos à margem da sociedade e do progresso, que prescinde das pessoas que não produzem (DP 31-39).[9]

Puebla ainda aprovou, como a primeira de suas quatro prioridades, a opção preferencial pelos pobres, no intuito de sua integral libertação:

> A Conferência de Puebla volta a assumir, com renovada esperança na força vivificadora do Espírito, a posição da II Confe-

---

[9] Mantivemos aqui a ordem original do documento, posteriormente alterada para começar com os rostos das crianças e concluir com o dos anciãos, permitindo uma "naturalização" da pobreza, como se esta fosse parte do ciclo biológico da vida em que se nasce, se vive e morre, e não consequência de um sistema econômico e social. Com esta inversão, fez-se perder o impacto de um processo histórico-estrutural de exploração de indígenas, de escravos africanos, de camponeses sem-terra, de operários, e que atinge também crianças, jovens e anciãos.

rência Geral, que fez uma clara e profética opção preferencial e solidária pelos pobres, não obstante os desvios e interpretações com que alguns desvirtuaram o espírito de Medellín, e o desconhecimento e até mesmo a hostilidade de outros. Afirmamos a necessidade de conversão de toda a Igreja para uma opção preferencial pelos pobres, no intuito de sua integral libertação (DP 1134).

Acrescenta:

A imensa maioria de nossos irmãos continua vivendo em situação de pobreza e até miséria, que se veio agravando. Queremos tomar consciência do que a Igreja latino-americana fez ou deixou de fazer pelos pobres depois de Medellín, como ponto de partida para a busca de pistas opcionais eficazes em nossa ação evangelizadora, no presente e no futuro da América Latina (DP 1135).

Puebla reconhece ainda que os pobres nos evangelizam:

O compromisso com os pobres e oprimidos e o surgimento das Comunidades Eclesiais de Base ajudaram a Igreja a descobrir o potencial evangelizador dos pobres, enquanto estes a interpelam constantemente, chamando-a à conversão, e porque muitos deles realizam em sua vida os valores evangélicos da solidariedade, serviço, simplicidade e disponibilidade para acolher o dom de Deus (DP 1147).

Apesar das muitas dificuldades e retrocessos que marcaram os anos posteriores a Puebla, a IV Conferência Geral do Episcopado Latino-americano, em Santo Domingo (1992), colocou-se em continuidade com as anteriores conferências de Medellín e Puebla e comprometeu-se com

Uma promoção integral do povo latino-americano e caribenho, a partir de uma evangélica e renovada opção pelos pobres, a partir da vida e da família (DSD, 302).

A V Conferência do Episcopado Latino-americano e Caribenho de Aparecida (2007) representou vigorosa retomada da tradição eclesial latino-americana, como ela mesma o afirma:

Dentro dessa ampla preocupação pela dignidade humana, situa-se nossa angústia pelos milhões de latino-americanos e latino-americanas que não podem levar uma vida que corresponda a essa dignidade. A opção preferencial pelos pobres é uma das peculiaridades que marca a fisionomia da Igreja latino-americana e caribenha (DA 391).

Prosseguem os bispos:

Nossa fé proclama que "Jesus Cristo é o rosto humano de Deus e o rosto divino do homem". Por isso, "a opção preferencial pelos pobres está implícita na fé cristológica naquele Deus que se fez pobre por nós, para nos enriquecer com sua pobreza. Essa opção nasce da nossa fé em Jesus Cristo, o Deus feito homem, que se fez nosso irmão" (cf. H 2, 11-12). Opção, no entanto, não exclusiva, nem excludente (DA 392).

A opção pelos pobres e por sua libertação, que poderia parecer um caminho apenas da Igreja latino-americana, foi-se convertendo num patrimônio de toda a Igreja, assumido cada vez mais por outras Igrejas particulares, católicas ou protestantes, e também pelo magistério pontifício, como se pode constatar pela Exortação pós-sinodal *Evangelii Nuntiandi* de Paulo VI:

Entre evangelização e promoção humana – desenvolvimento, libertação – existem, de fato, laços profundos: laços de ordem antropológica, dado que o homem que há de ser evangelizado não é um ser abstrato, mas é sim um ser condicionado pelo conjunto dos problemas sociais e econômicos; laços de ordem teológica, porque não se pode nunca dissociar o plano da Criação do plano da Redenção, um e outro a abrangerem situações bem concretas da injustiça que há de ser combatida e da justiça a ser restaurada; laços daquela ordem eminentemente evangélica, tal qual é a ordem da caridade: como se poderia, realmente, proclamar o mandamento novo, sem promover na justiça e na paz o verdadeiro progresso do homem? Nós mesmos tivemos o cuidado de salientar isto mesmo, ao recordar que é impossível aceitar "que a obra da evangelização possa ou deva negligenciar os problemas extremamente graves, agitados sobremaneira hoje em dia, pelo que se refere à justiça, à libertação, ao desenvolvimento e à paz no mundo. Se isso, porventura, acontecesse, seria ignorar a doutrina do Evangelho sobre o amor para com o próximo que sofre e se encontra em necessidade (SEDOC 7, 702).

João Paulo II, na sua homilia na Basílica de Guadalupe, na cidade do México (27/01/1979), ao evocar Medellín dizia:

Com sua opção pelo homem latino-americano visto em sua integridade, com seu amor preferencial, mas não exclusivo, pelos pobres, com seu ânimo para uma libertação integral dos homens e dos povos, Medellín, a Igreja ali presente, foi um chamado de esperança para metas mais cristãs e mais humanas.[10]

E no seu discurso de abertura da Conferência em Puebla (28/01/1979) condenava, evocando a *Populorum Progressio* de Paulo VI, os mecanismos de um sistema econômico que através dos laços de interdependência e dependência "produzem ricos cada vez mais ricos à custa de pobres cada vez mais pobres".[11]

---

[10] João Paulo II. Homilia pronunciada na Basílica de N. S. de Guadalupe, México, 27/01/1979, in: *Puebla: A evangelização no presente e no futuro da América Latina*. Texto oficial da CNBB. Petrópolis: Vozes, 1979, p. 40.

[11] João Paulo II. Discurso inaugural da III Conferência, Seminário Palafoxiano de Puebla, 28/01/1979, 3.4., in: *Puebla: A evangelização no presente e no futuro da América Latina*. Texto oficial da CNBB. Petrópolis: Vozes, 1979, p. 30.

O Papa Bento XVI, abrindo a V Conferência em Aparecida, coloca a opção preferencial pelos pobres no coração da própria compreensão do Cristo e da nossa fé:

A fé nos liberta do isolamento do eu, porque nos leva à comunhão: o encontro com Deus é, em si mesmo e como tal, encontro com os irmãos, um ato de convocação, de unificação, de responsabilidade para com o outro e para com os demais. Neste sentido, a opção preferencial pelos pobres está implícita na fé cristológica naquele Deus que se fez pobre por nós, para enriquecer-nos com sua pobreza (cf. 2Cor 8,9).[12]

O Papa Francisco carregou para sua prática e magistério como Bispo de Roma, de maneira como que conatural, a opção pelos pobres e excluídos e por sua libertação que floresceu na Igreja da América Latina e do Caribe. Remetemos para o fecho deste Caderno a contribuição do Papa Francisco.

Porém, decisivo na herança do Pacto das Catacumbas foi o testemunho de vida e o compromisso real e concreto da parte daqueles que o assinaram. Não faltaram gestos concretos de muitos deles e de suas Igrejas. Dom Helder Camara, no Recife, muito depressa deixou a residência oficial dos arcebispos, o Palácio de Manguinhos, convertido em centro pastoral, para ir morar na sacristia da Igreja das Fronteiras, mais para a periferia da cidade. Dom Fragoso, em Crateús, deslocou-se para uma casa simples de um bairro popular.

Outros que não estavam no Concílio, mas que abraçaram os compromissos do Pacto, repetiram esses gestos. Dom Paulo Evaristo Arns, nomeado arcebispo e depois cardeal de

---

[12] Bento XVI. Discurso inaugural da V Conferência, Aparecida, 13/05/2007, in: *Documento de Aparecida*. Texto conclusivo da V Conferência Geral do Episcopado Latino-americano e do Caribe. Brasília: Edições CNBB; São Paulo: Paulus e Paulinas, 2007, p. 273.

São Paulo, vendeu o Palácio Pio XII e foi morar numa casa modesta. Com o dinheiro auferido da venda, comprou 400 terrenos na periferia de São Paulo, para ali serem edificados centros comunitários e locais de celebração para as Comunidades Eclesiais de Base.

Terras da Igreja foram entregues a lavradores sem-terra pelo Bispo Tiago Cloin, na diocese de Barra, na Bahia; por Dom Delgado, na arquidiocese de São Luiz do Maranhão, ou por Dom Helder Camara, no Recife. Ali foi implantada, com o auxílio da Comunidade ecumênica de Taizé, na França, a Operação Esperança, destinada a dar para aquelas famílias assentadas assistência técnica, formação social em cooperativismo e, também, a fornecer instrumentos agrícolas.

E não faltou também o selo supremo da entrega da própria vida, entre os signatários do Pacto. O Bispo Enrico Angelelli de La Rioja, na Argentina, por defender camponeses ameaçados de expulsão de suas terras, foi morto num acidente de carro provocado pelos militares argentinos, cujo crime foi desvendado e punido, ainda que quarenta anos depois.

Outro fruto maduro do Pacto foi a passagem de um compromisso assumido por pastores para um compromisso eclesial que desabrochou de maneira toda especial nas pastorais sociais da Igreja latino-americana e, sobretudo, no surgimento de comunidades eclesiais no meio dos pobres, como o reconhece Aparecida:

> Na experiência eclesial de algumas Igrejas da América Latina e do Caribe, as Comunidades Eclesiais de Base têm sido escolas que têm ajudado a formar cristãos comprometidos com sua fé, discípulos e missionários do Senhor, como o testemunha a entrega generosa, até derramar o sangue, de muitos de seus membros. Elas abraçam a experiência das primeiras comunidades,

como estão descritas nos Atos dos Apóstolos (At 2,42-45). Medellín reconheceu nelas uma célula inicial de estruturação eclesial e foco de fé e evangelização (DA 178).

Só podemos desejar que a recorrência dos 50 anos do Pacto das Catacumbas e do término do Concílio Vaticano II traga para toda a Igreja a primavera sempre insurrecional e seja um novo Pentecostes, como o desejava João XXIII, agora declarado santo pelo Papa Francisco.

José Oscar Beozzo
São Paulo, 12 de outubro de 2015
Festa da Virgem Aparecida

LOCAL DA CELEBRAÇÃO
CATACUMBAS DE SANTA DOMITILA

O lugar escolhido pelos bispos da "Igreja dos Pobres" para firmar o seu compromisso com os pequenos e excluídos, mais conhecido como "Pacto das Catacumbas", foi as Catacumbas de Santa Domitila. A celebração aconteceu na manhã do dia 16 de novembro de 1965, já ao final do Concílio (1962-1965).

Aquela área foi doada aos cristãos pela nobre Flávia Domitila, uma neta do Imperador Vespasiano, e no final do segundo e início do terceiro século foram escavadas as primeiras galerias.

Essas catacumbas estão entre as mais extensas que foram encontradas em Roma e abrigam uma Basílica subterrânea construída no final do século IV, durante o Pontificado do Papa Damaso (366-384).

Foram dedicadas aos mártires Nereu e Aquileu, cujos túmulos estão localizados sob o altar da Basílica, ao lado da tumba de Santa Petronília. Nos seus 17 quilômetros de galerias, em quatro andares, há mais de 150.000 sepulturas escavadas nas paredes dos corredores.

Encontram-se ali símbolos e afrescos que testemunham a fé profunda dos cristãos daquelas primeiras comunidades romanas e sua veneração pelos mártires ali sepultados.

Dois meses antes de os bispos firmarem naquele local o Pacto das Catacumbas, o Papa Paulo VI visitou-o no dia 12 de setembro de 1965.

Desde janeiro de 2009, as Catacumbas encontram-se sob a responsabilidade da Congregação dos Missionários do Verbo Divino.

O Papa Paulo VI visita as Catacumbas de Santa Domitila e ali celebra a 12 de setembro de 1965.

ASSINATURA DO
PACTO DAS CATACUMBAS

O Pacto da Igreja servidora e pobre, mais conhecido como Pacto das Catacumbas, foi expressão pública da caminhada e dos compromissos do grupo da Igreja dos Pobres, formado desde a primeira sessão do Vaticano II, sob a inspiração do padre operário Paul Gauthier e da religiosa carmelita, que se tornou igualmente operária em Nazaré, Marie-Thérèse Lescase. Integraram-no, com entusiasmo, Dom Helder Camara, Dom Antônio Fragoso, Dom João Batista Motta e Albuquerque, Dom José Maria Pires e outros bispos do Brasil e de outros continentes.

O Pacto foi assinado nos últimos dias do Vaticano II (1962-1965), numa celebração eucarística na Catacumba de Santa Domitila, em Roma, no dia 16 de novembro de 1965.

O local evocava o testemunho corajoso dos mártires das primeiras comunidades e selava, por parte daquelas quatro dezenas de bispos, o compromisso com uma Igreja servidora dos pobres e empenhada em suas lutas por justiça, digni-

A única Basílica subterrânea em uma catacumba romana. A entrada para o complexo se dá através dela, construída no século IV.

dade, igualdade e solidariedade. Esses bispos provinham da Ásia (China, Indonésia, Coreia do Sul, Índia, Israel); África (Zâmbia, Argélia, Togo, Congo, Chade, Congo-Brazzaville, Egito, Djibouti, Seychelles); América Latina (Brasil, Argentina); Caribe (Cuba, Dominica); América do Norte (Canadá) e Europa (França, Bélgica, Grécia, Espanha, Itália, Alemanha, Iugoslávia).

O Pacto foi posteriormente assumido por cerca de 500 dos 2.500 bispos do Concílio, inspirando fortemente Medellín e Puebla no seu compromisso em favor da justiça e na opção preferencial pelos pobres e por sua libertação.

As Catacumbas de Domitila são uma das mais antigas de Roma e se estendem por muitos quilômetros de passagens subterrâneas.

Na apresentação dos treze compromissos do Pacto das Catacumbas, a seguir, em itálico no texto, decidimos colocar não apenas as referências bíblicas, mas também seu texto integral. Foram acrescentadas algumas passagens do próprio Concílio que dialogam com os compromissos do Pacto.

PACTO DAS CATACUMBAS

Nós, bispos, reunidos no Concílio Vaticano II, esclarecidos sobre as deficiências de nossa vida de pobreza segundo o Evangelho, incentivados uns pelos outros, numa iniciativa em que cada um de nós queria evitar a singularidade e a presunção; unidos a todos os nossos irmãos no Episcopado, contundo, sobretudo, com a graça e a força de Nosso Senhor Jesus Cristo, com a oração dos fiéis e dos sacerdotes de nossas respectivas dioceses; colocando-nos, pelo pensamento e pela oração, diante da Trindade, diante da Igreja de Cristo e diante dos sacerdotes e dos fiéis de nossas dioceses, na humildade e na consciência de nossa fraqueza, mas também com toda a determinação e toda a força de que Deus nos quer dar a graça, comprometemo-nos ao que se segue:

1. Procuraremos viver segundo o modo ordinário da nossa população, no que concerne à habitação, à alimentação, aos meios de locomoção e a tudo o que se segue (cf. Mt 5,3; 6,33; 8,20).

Texto bíblico

"Felizes os pobres no Espírito, porque deles é o reino dos Céus" (Mt 5,3).

"Busquem primeiro o Reino de Deus e sua justiça, e todas as coisas ficarão garantidas para vocês. Assim, não se preocupem com o dia de amanhã, pois o dia de amanhã terá suas próprias preocupações. A cada dia basta o seu mal" (Mt 6,33-34).

"Jesus lhe disse: 'as raposas têm tocas e as aves do céu têm ninhos, mas o Filho do Homem não tem onde reclinar a cabeça'" (Mt 8,20).

Texto conciliar

"Mas assim como Cristo consumou a obra da redenção na pobreza e na perseguição, assim a Igreja é chamada a seguir o mesmo caminho a fim de comunicar aos homens os frutos da salvação" (LG 8/22).

"Mestres da perfeição, os bispos apliquem-se a promover a santidade de seus clérigos, religiosos e leigos, segundo a vocação peculiar de cada um. Lembrem-se de sua obrigação de dar o exemplo de santidade na caridade, humildade e simplicidade de vida" (CD 15/1048).

2. *Para sempre renunciaremos à aparência e à realidade da riqueza, especialmente no traje (fazendas ricas, cores berrantes), nas insígnias de matéria preciosa (devem esses signos ser, com efeito, evangélicos)* (Mc 6,9; Mt 10,9s; At 3,6.). *Nem ouro nem prata.*

Texto bíblico

"Portanto, rezem assim: Pai nosso que estás nos Céus, santificado seja o teu nome" (Mt 6,9).

"Não levem ouro, nem prata, nem cobre em seus bolsos, nem bolsa para o caminho, nem duas túnicas, nem sandálias, nem bastão. Porque o trabalhador tem direito a seu sustento" (Mt 10,9-10).

"Pedro disse: 'Não tenho ouro nem prata, mas o que tenho lhe dou: em nome de Jesus Cristo, o Nazareno, caminhe!'" (At 3,6).

Texto conciliar

"Com especial cuidado se interessem pelos pobres e humildes, para cuja evangelização os mandou o Senhor" (CD 13/1040).

"Não prendam, pois, os sacerdotes de forma alguma o coração às riquezas, mas evitem sempre toda cobiça, abstendo-se, com cuidado, de qualquer aparência de comércio.

São até convidados a abraçar pobreza voluntária, que tornará mais evidente sua semelhança com Cristo e os fará mais disponíveis para o sagrado ministério. Pois, Cristo, por nossa causa se fez pobre sendo rico, a fim de nos enriquecer por sua pobreza (2Cor 8,9)" (PO 17/1200-1).

3. *Não possuiremos imóveis nem móveis, nem conta em banco etc., em nosso próprio nome; e, se for preciso possuir, poremos tudo em nome da diocese, ou das obras sociais ou caritativas (cf. Mt 6,19-21; Lc 12,33s).*

Texto bíblico

"Não ajuntem para vocês riquezas na terra, onde ladrões arrombam e roubam. Ajuntem sim para vocês riquezas no céu, onde nem traça nem ferrugem corroem, e onde ladrões não arrombam nem roubam" (Mt 6,19-21).

"Vendam seus bens e deem esmola. Façam para vocês bolsas que não se desgastem, um tesouro nos céus que nunca se acabe, onde o ladrão não chega nem a traça corrói" (Lc 12,33-34).

Texto conciliar

A pobreza voluntária, motivada pelo seguimento de Cristo, do qual ela é um sinal, particularmente apreciado nos dias de hoje, deve ser praticada diligentemente pelos religiosos e, se necessário for, se exprimir sob novas formas. Participa-se da pobreza de Cristo que de rico se fez pobre por nós, a fim de nos enriquecer por sua pobreza (cf. 2Cor 8,9; Mt 8,20)" (PC 13/1253).

4. *Cada vez que for possível, confiaremos a gestão financeira e material em nossa diocese a uma comissão de leigos competentes e cônscios de seu papel apostólico, em mira a sermos menos administradores do que pastores e apóstolos (cf. Mt 10,8; At 6,1-7).*

Texto bíblico

"Curem enfermos, ressuscitem mortos, purifiquem leprosos, expulsem demônios. Vocês receberam de graça; deem de graça" (Mt 10,8).

"Nesses dias, o número dos discípulos tinha aumentado, e os helenistas começaram a queixar-se contra os hebreus, porque as viúvas deles eram deixadas de lado no atendimento diário. Os Doze convocaram a multidão dos discípulos e disseram: 'Não está certo que nós descuidemos da Palavra de Deus para servir às mesas. Procurem entre vocês, irmãos, sete homens de respeito, repletos do Espírito e de sabedoria, e nós os encarregaremos dessa tarefa. E nós assim nos ocuparemos com a oração e o serviço da Palavra'. A proposta agradou a toda a multidão. Então escolheram Estêvão, homem cheio de fé e do Espírito Santo; e também Filipe, Prócoro, Nicanor, Timon, Pármenas e Nicolau, um gentio de Antioquia que se convertera para a religião judaica. Foram apresentados aos apóstolos, que rezaram e impuseram as mãos sobre eles. E a Palavra do Senhor crescia. O número dos discípulos aumentava bastante em Jerusalém, e grande número de sacerdotes obedecia à fé" (At 6,1-7).

Texto conciliar
"Enfim julgam os Padres do Concílio ser utilíssimo que os mesmos Dicastérios ouçam mais os leigos destacados por virtude, ciência e experiência, de modo que também eles ocupem seu devido lugar nos negócios da Igreja" (CD 10/1033).

"Os sagrados pastores, porém, reconheçam e promovam a dignidade e a responsabilidade dos leigos na Igreja. De boa vontade utilizem-se do seu prudente conselho. Com confiança entreguem-lhes ofícios no serviço da Igreja. E deixem-lhes liberdade e raio de ação. Encorajem-nos até para empreender outras obras por iniciativa própria. Com amor paterno, considerem atentamente em Cristo as iniciativas, os votos e os desejos propostos pelos leigos. Respeitosamente reconheçam os pastores a justa liberdade que a todos compete na cidade terrestre" (LG 37/98).

5. Recusamos ser chamados, oralmente ou por escrito, com nomes e títulos que signifiquem a grandeza e o poder (Eminência, Excelência, Monsenhor...); preferimos ser chamados com o nome evangélico de Padres (cf. Mt 20,25-28; 23,6-11; Jo 13,12-15).

Texto bíblico

"Jesus porém chamou-os e disse-lhes: 'Vocês sabem que os governantes das nações as dominam, e os grandes impõem sua autoridade sobre elas. Não será assim entre vocês. Ao contrário, quem de vocês quiser tornar-se grande, seja aquele que serve a vocês. E quem de vocês quiser ser o primeiro, seja o servo de vocês. Assim, o Filho do Homem não veio para ser servido, mas para servir e dar a própria vida como resgate por muitos'" (Mt 20,25-28).

"Gostam de ocupar o posto de honra nos banquetes e os primeiros lugares nas sinagogas. Gostam de ser cumprimentados nas praças e ser chamados de mestres pelas pessoas. Vocês, porém, não deixem que os chamem de mestres, pois um só é o Mestre de vocês, e vocês todos são irmãos. Na terra, não chamem ninguém de pai, pois um só é o Pai de vocês, o Celeste. Nem deixem que os chamem de líderes, pois um só é o Líder de vocês, o Messias. O maior de vocês será aquele que os serve" (Mt 23,6-11).

"Depois de lavar os pés dos discípulos, Jesus vestiu o manto, sentou-se de novo e lhes disse: 'Vocês entendem o que lhes tenho feito? Vocês me chamam *o mestre* e *o Senhor*. E vocês têm razão, porque eu sou mesmo. Pois bem, se eu lavei os pés de vocês, eu que sou o Senhor e o Mestre, vocês também devem lavar os pés uns dos outros. Eu lhes dei um exemplo, para que vocês façam do modo como eu fiz" (Jo 13,12-15).

Texto conciliar

"O bispo enviado pelo pai de família para governar sua família tenha diante dos olhos o exemplo do Bom Pastor, que veio, não para ser servido, mas para servir (cf. Mt 20,28; Mc 10,45), e para dar sua vida pelas ovelhas (cf. Jo 10,11). Tomado dentre os homens e revestido de fraqueza, pode compadecer-se dos ignorantes e extraviados (cf. Hb 5,1-2). Não se negue, pois, de atender os súditos, amando-os como a verdadeiros filhos e exortando-os para que alegremente colaborem com ele" (LG 27/67).

6. *No nosso comportamento, nas nossas relações sociais, evitaremos aquilo que pode parecer privilégios, prioridades ou mesmo uma preferência qualquer aos ricos e aos poderosos (ex.: banquetes oferecidos ou aceitos, classes nos serviços religiosos)* (cf. Lc 13,12-14; 1Cor 9,14-19).

Texto bíblico

"Jesus a viu, a chamou e lhe disse: 'Mulher, você está livre de sua doença'. Impôs as mãos sobre ela, e no mesmo instante ela se endireitou e começou a glorificar a Deus. Mas o chefe da sinagoga ficou indignado porque Jesus tinha feito uma cura no sábado. Tomou a palavra e disse à multidão: 'Há seis dias em que se deve trabalhar. Venham, portanto, nesses dias para serem curados, e não no dia de sábado" (Lc 13,12-14).

"Assim também, o Senhor ordenou que vivam do Evangelho aqueles que anunciam o Evangelho. Mas eu não fiz uso de nenhum desses direitos. Nem escrevo essas coisas com a intenção de exigi-los para mim. Eu preferiria morrer! Esse meu motivo de glória, ninguém o tirará de mim. Anunciar o Evangelho não é motivo de glória para mim. Pois esta é uma obrigação que me foi imposta. Ai de mim, se eu não anunciar o Evangelho! Se eu o fizesse por iniciativa própria, teria direito a um salário. Mas se não o faço por iniciativa minha, é porque desempenho um encargo que me foi confiado. Qual é então o meu salário? Anunciar o Evangelho, e anunciá-lo gratuitamente, sem fazer uso do direito que tenho por evangelizar. De fato, sendo livre em relação a todos, eu me fiz servo de todos, a fim de ganhar o maior número possível" (1Cor 9,14-19).

Texto conciliar

"Com especial cuidado se interessem [os bispos] pelos pobres e humildes, para cuja evangelização os mandou o Senhor" (CD 13/1040).

"(...) A Igreja usa os bens temporais à medida que sua própria missão exige. Mas não coloca a sua esperança nos privilégios oferecidos pela autoridade civil. Ao contrário, ela renunciará ao exercício de direito legitimamente adquirido, onde constar que o uso deles coloca em dúvida a sinceridade do seu testemunho, ou as novas condições da vida exigiram outra disposição" (GS 66/462).

7. Do mesmo modo, evitaremos incentivar ou lisonjear a vaidade de quem quer que seja, com vistas a recompensa, ou a solicitar as dádivas, ou por qualquer outra razão. Convidaremos nossos

fiéis a considerarem as suas dádivas como uma participação normal no culto, no apostolado e na ação social (cf. Mt 6,2-4; Lc 15,9-13; 2Cor 12,4).

Texto bíblico

"Quando der esmolas, não mande tocar a trombeta à sua frente, como fazem os hipócritas, nas sinagogas e nas ruas, para serem glorificados pelas pessoas. Eu lhes garanto: já receberam a sua recompensa. Mas você, quando der esmola, a sua mão esquerda não saiba o que a sua direita está fazendo, de modo que a sua esmola seja dada em segredo. E seu Pai, que vê no segredo, recompensará você" (Mt 6,2-4).

"Ou qual é a mulher que, se tiver dez moedas de prata e perder uma, não acende a lâmpada, varre a casa e procura cuidadosamente, até encontrá-la? Quando a encontra, chama as amigas e vizinhas e diz: 'Alegrem-se comigo, porque encontrei a moeda que eu tinha perdido'. Eu lhes digo: da mesma forma, há alegria entre os anjos de Deus por um só pecador que se converte" (Lc 15,8).

"Foi arrebatado até o paraíso e ouviu palavras inefáveis, que não são permitidas ao homem repetir" (2Cor 12,4).

Texto conciliar

"Mas assim como Cristo consumou a obra da redenção na pobreza e na perseguição, assim a Igreja é chamada a seguir o mesmo caminho a fim de comunicar aos homens os frutos da salvação. Cristo Jesus, "como subsistisse na condição de Deus, despojou-se a si mesmo, tomando a condição de servo" (Fl 2,6), e por nossa causa "fez-se pobre embora fosse rico" (2Cor 8,9); da mesma maneira a Igreja, embora necessite dos bens humanos para executar sua missão, não foi insti-

37

tuída para buscar a glória terrestre, mas para proclamar, também pelo seu próprio exemplo, a humildade e a abnegação" (LG 8/22).

8. *Daremos tudo o que for necessário do nosso tempo, reflexão, coração, meios etc., ao serviço apostólico e pastoral das pessoas e dos grupos laboriosos e economicamente fracos e subdesenvolvidos, sem que isso prejudique as outras pessoas e grupos da diocese. Ampararemos os leigos, religiosos, diáconos ou sacerdotes que o Senhor chama a evangelizarem os pobres e os operários, compartilhando a vida operária e o trabalho (cf. Lc 4,18s; Mc 6,4; Mt 11,4s; At 18,3s; 20,33-35; 1Cor 4,12 e 9,1-27).*

Texto bíblico

"O Espírito do Senhor está sobre mim, porque ele me consagrou com a unção, para anunciar a Boa Notícia aos pobres; enviou-me para proclamar a libertação aos presos e aos cegos a recuperação da vista; para libertar os oprimidos, e para proclamar um ano de graça do Senhor" (Lc 4,18-19).

"Então Jesus dizia para eles que um profeta só não é estimado em sua própria pátria, entre seus parentes e em sua família" (Mc 6,4).

"Jesus respondeu: 'Voltem e contem a João o que vocês estão ouvindo e vendo: os cegos recuperam a vista, os paralíticos andam, os leprosos são purificados, os surdos ouvem, os mortos ressuscitam e aos pobres é anunciada a Boa Notícia" (Mt 11,4-5).

"E como tinham a mesma profissão, (Paulo) ficou hospedado com eles (Áquila e Priscila), e aí trabalhava: eram fabricantes de tendas. Todos os sábados, Paulo discutia na sinagoga e convencia judeus e gregos" (At 18,3-4).

"Ademais, não cobicei prata, nem ouro, nem vestes de ninguém. Vocês mesmos sabem que estas minhas mãos providenciaram o que era necessário para mim e para os que estavam comigo. Em tudo mostrei a vocês que é trabalhando assim que devemos ajudar os fracos, recordando as palavras do próprio Senhor Jesus, que disse: 'Há mais felicidade em dar do que em receber'" (At 20,33-35).

"(...) e nos esgotamos, trabalhando com nossas próprias mãos. Somos amaldiçoados, e abençoamos; perseguidos, e suportamos" (1Cor 4,12).

"Por acaso não sou livre? Não sou apóstolo? Não vi Jesus nosso Senhor? E vocês não são obra minha no Senhor? Ainda que para outros eu não seja apóstolo, ao menos para vocês eu sou; porque o selo do meu apostolado no Senhor são vocês. Essa é a minha resposta para aqueles que me acusam. Será que não temos direito de comer e beber? Ou não temos direito de levar conosco nas viagens uma mulher cristã, como fazem os outros apóstolos e os irmãos do Senhor, e Pedro? Ou somente eu e Barnabé não temos o direito de ser dispensados de trabalhar? Alguém vai à guerra alguma vez, com seus próprios recursos? Quem é que planta uma vinha, e não come do seu fruto? Quem apascenta um rebanho, e não se alimenta do leite do rebanho? Será que estou dizendo isso apenas como considerações humanas? E a Lei, não diz a mesma coisa? De fato, na Lei de Moisés está escrito: 'Não amordace o boi que debulha o grão'. Por acaso, é com os bois que Deus se preocupa? Não será por causa de nós que ele fala assim? Claro que é por causa de nós que isso foi escrito. De fato, aquele que trabalha deve trabalhar com esperança de receber a sua parte. Se semeamos bens espirituais em vocês, será muito colher bens materiais de vocês? Se outros exercem sobre vocês tal direito, por que não o poderíamos nós, e com maior razão? Todavia, não usamos esse direito. Pelo contrário, tudo suportamos para não criar obstáculo ao Evangelho de Cristo. Vocês não sabem: aqueles que desempenham funções sagradas vivem dos rendimentos do templo? E aqueles que servem ao altar têm parte no que é oferecido sobre o altar? Da mesma forma, o Senhor ordenou que aqueles que anunciam o Evangelho vivam do Evangelho. Contudo, não tirei vantagem dos meus direitos. E agora não estou escrevendo para reclamar coisa alguma. Antes morrer que... Não! Ninguém me tirará esse título de glória. Anunciar o Evangelho não é título de glória para mim; pelo contrário, é uma necessidade que me foi imposta. Ai de mim se eu não anunciar o Evangelho! Se eu o anunciasse de própria iniciativa, teria direito a um salário; no entanto, já que o faço por obrigação, desempenho um cargo que me foi confiado. Qual é então o meu salário? É que, pregando o Evangelho, eu o prego gratuitamente, sem usar dos direitos que a pregação do Evangelho me confere. Embora eu seja livre em relação a todos, tornei-me o servo de todos, a fim de ganhar o maior número possível. Com os judeus, comportei-me como judeu, a fim de ganhar os judeus; com os que estão sujeitos à Lei, comportei-me como se estivesse sujeito à Lei – embora eu não esteja sujeito à Lei –, a fim de ganhar aqueles que estão sujeitos à Lei. Com aqueles que vivem sem a Lei, comportei-me como se vivesse sem a Lei – embora eu não viva sem a lei de Deus, pois estou sob a lei de Cristo –, para ganhar aqueles que vivem sem a Lei. Com os fracos, tornei-me fraco, a fim de ganhar os fracos. Tornei-me tudo para todos, a fim de salvar alguns a qualquer custo. Tudo isso eu o faço por causa do Evangelho, para me tornar participante dele. Vocês não sabem que no estádio todos os atletas correm, mas só um ganha o prêmio? Portanto, corram, para conseguir o prêmio. Os atletas se abstêm de tudo; eles, para ganhar uma coroa perecível; e nós, para ganharmos uma coroa imperecível. Quanto a mim, também eu corro, mas não como quem vai sem rumo. Pratico o pugilato, mas não como quem luta contra o ar. Trato com dureza o meu corpo e o submeto, para não acontecer que eu proclame a mensagem aos outros, e eu mesmo venha a ser reprovado (1Cor 9,1-27).

Texto conciliar

"Cristo foi enviado pelo Pai para 'evangelizar os pobres, sanar os contritos de coração' (Lc 4,18), 'procurar e salvar o que tinha perecido' (Lc 19,10): semelhantemente a Igreja cerca de amor todos os afligidos pela fraqueza humana, reconhece mesmo nos pobres e sofredores a imagem de seu Fundador pobre e sofredor. Faz o possível para mitigar-lhes a pobreza e neles procura servir a Cristo" (LG 8/22).

9. *Cônscios das exigências da justiça e da caridade, e das suas relações mútuas, procuraremos transformar as obras de "beneficência" em obras sociais baseadas na caridade e na justiça, que levem em conta todos e todas as exigências, como um humilde serviço dos organismos públicos competentes (cf. Mt 25,31-46; Lc 13,12-14 e 33-34).*

Texto bíblico

"Quando o Filho do Homem vier na sua glória, acompanhado de todos os anjos, então se assentará em seu trono glorioso. Todos os povos da terra serão reunidos diante dele, e ele separará uns dos outros, assim como o pastor separa as ovelhas dos cabritos. E colocará as ovelhas à sua direita, e os cabritos à sua esquerda. Então o Rei dirá aos que estiverem à sua direita: 'Venham vocês, que são abençoados por meu Pai. Recebam como herança o Reino que meu Pai lhes preparou desde a criação do mundo. Pois eu estava com fome, e vocês me deram de comer; eu estava com sede, e me deram de beber; eu era estrangeiro, e me receberam em sua casa; eu estava sem roupa, e me vestiram; eu estava doente, e cuidaram de mim; eu estava na prisão, e vocês foram me visitar'. Então os justos lhe perguntarão: 'Senhor, quando foi que te vimos com fome e te demos de comer, com sede e te demos de beber? Quando foi que te vimos como estrangeiro e te recebemos em casa, e sem roupa e te vestimos? Quando foi que te vimos doente ou preso, e fomos te visitar?' Então o Rei lhes responderá: 'Eu garanto a vocês: todas as vezes que vocês fizeram isso a um dos menores de meus irmãos, foi a mim que o fizeram'. Depois o Rei dirá aos que estiverem à sua esquerda: 'Afastem-se de mim, malditos. Vão para o fogo eterno, preparado para o diabo e seus anjos. Porque eu estava com fome, e vocês não me deram de comer; eu estava com sede, e não me deram de beber; eu era estrangeiro, e vocês não me receberam em casa; eu estava sem roupa, e não me vestiram; eu estava doente e na prisão, e vocês não me foram visitar'. Também estes responderão: 'Senhor, quando foi que te vimos com fome, ou com sede, como estrangeiro, ou sem roupa, doente ou preso, e não te servimos?' Então o Rei responderá a esses: 'Eu garanto a vocês: todas as vezes que vocês não fizeram isso a um desses pequeninos, foi a mim que não o fizeram'. Portanto, estes irão para o castigo eterno, enquanto os justos irão para a vida eterna" (Mt 25,31-46).

"Vendo-a, Jesus dirigiu-se a ela, e disse: 'Mulher, você está livre da sua doença'. Jesus colocou as mãos sobre ela, e imediatamente a mulher se endireitou, e começou a louvar a Deus. O chefe da sinagoga ficou furioso, porque Jesus tinha feito uma cura em dia de sábado. E tomando a palavra, começou a dizer à multidão: 'Há seis dias para trabalhar. Venham, então, nesses dias e sejam curados, e não em dia de sábado'. (...) Entretanto, preciso caminhar hoje, amanhã e depois de amanhã, porque não convém que um profeta morra fora de Jerusalém. Jerusalém, Jerusalém, você que mata os profetas e apedreja os que lhe foram enviados! Quantas vezes eu quis reunir seus filhos, como a galinha reúne os pintinhos debaixo das asas, mas você não quis!'" (Lc 13,12-14.33-34).

Texto conciliar

"Deus destinou a terra, com tudo o que ela contém, para o uso de todos os homens e povos, de tal modo que os bens criados devem bastar a todos, com equidade, sob as regras da justiça, inseparável da caridade" (GS 69/430).

10. *Poremos tudo em obra para que os responsáveis pelo nosso governo e pelos serviços públicos decidam e ponham em prática as leis, as estruturas e as instituições sociais necessárias à justiça, à igualdade e ao desenvolvimento harmônico e total do homem*

todo em todos os homens e, por aí, ao advento de outra ordem social, nova, digna dos filhos dos homens e dos filhos de Deus (cf. At 2,44s; 4,32-35; 5,4; 2Cor 8 e 9 inteiros; 1Tm 5,16).

Texto bíblico

"Todos os que acreditavam eram unidos e tinham tudo em comum. Vendiam suas propriedades e bens, e os repartiam entre todos, conforme a necessidade de cada um. E todos os dias perseveravam unânimes no Templo. E partiam o pão nas casas, tomando alimento com alegria e simplicidade de coração. Louvavam a Deus e eram estimados por todo o povo. E a cada dia o Senhor acrescentava à comunidade aqueles que eram salvos (At 2,44s).

"A multidão dos que acreditavam era um só coração e uma só alma. Ninguém dizia que eram seus os bens que possuía, mas tudo entre eles era posto em comum. Com grande poder, os apóstolos davam testemunho da ressurreição do Senhor Jesus. E todos eles eram muito estimados. De fato, entre eles não havia nenhum necessitado, pois aqueles que possuíam terras ou casas as vendiam, levavam os valores das vendas e os colocavam aos pés dos apóstolos. Então se distribuía a cada um segundo a própria necessidade" (At 4,32-35).

"Você não podia conservá-lo para si sem vendê-lo? E ainda que o vendesse, não podia ficar com todo o dinheiro? Então, por que fez isso? Você não mentiu para os homens, mas para Deus" (At 5,4).

2Cor 8 e 9 inteiros;

"Pois vocês conhecem a generosidade de nosso Senhor Jesus Cristo: sendo rico, ele se fez pobre por causa de vocês, para com sua pobreza enriquecer a vocês. E a respeito disso dou minha opinião: É o que convêm a vocês, já que, desde o ano passado, foram vocês os primeiros não somente a realizar, mas também a querer essa obra. Agora, portanto, completem a obra, de modo que assim como vocês a quiseram de boa vontade, possam também completá-la, segundo suas possibilidades. Pois, quando existe boa vontade, somos aceitos com os recursos que temos, e não importa o que não temos. Não se trata de dar alívio a outros e vocês passarem dificuldade, mas de haver igualdade. Neste momento, o que está sobrando para vocês suprirá a carência deles, a fim de que um dia o que sobra para eles venha suprir a carência de vocês. E assim haverá igualdade, como está escrito: 'A quem recolheu muito, nada sobrou; a quem recolheu pouco, nada faltou'" (2Cor 8,9-15).

"O fato é este: quem semeia com mesquinhez, também colherá com mesquinhez; quem semeia com generosidade, também colherá com generosidade. Cada um dê como decidir em seu coração, não com desgosto ou por pressão, pois Deus ama quem doa com alegria. Deus pode enriquecer vocês com todas as graças para que tenham sempre e em tudo o necessário, e ainda tenham de sobra para fazer todo tipo de boa obra. Tal como está escrito: 'Ele distribuiu, deu aos pobres. Sua justiça permanece para sempre'" (2Cor 9,6-9).

"Se uma fiel tem viúvas em sua casa, cuide delas e não sobrecarregue a igreja, para que a igreja socorra as que são verdadeiramente viúvas" (1Tm 5,16).

Texto conciliar

"A Igreja considera digno de louvor e consideração o trabalho daqueles que se dedicam ao bem da coisa pública, a serviço dos homens e assumem os trabalhos deste cargo" (GS 75/452).

11. Achando a colegialidade dos bispos sua realização a mais evangélica na assunção do encargo comum das massas humanas em estado de miséria física, cultural e moral — dois terços da humanidade —, comprometemo-nos:
- a participar, conforme nossos meios, dos investimentos urgentes dos episcopados das nações pobres;
- a requerer junto ao plano dos organismos internacionais, mas testemunhando o Evangelho, como fez o Papa Paulo VI, na ONU, a adoção de estruturas econômicas e culturais que não mais fabriquem nações proletárias num mundo cada vez mais rico, mas sim permitam às massas pobres saírem de sua miséria.

Texto conciliar

"As ALEGRIAS E AS ESPERANÇAS, as tristezas e as angústias dos homens de hoje, sobretudo dos pobres e de todos os que sofrem, são também as alegrias e as esperanças, as tristezas e as angústias dos discípulos de Cristo. Não se encontra nada verdadeiramente humano que não lhes ressoe no coração" (GS 1/200).

"Para construir a paz é antes de tudo imprescindível extirpar as causas de desentendimento entre os homens. Estas, sobretudo as injustiças, alimentam a guerra. Não poucas provêm das excessivas desigualdades econômicas, bem como do atraso de lhes trazer os remédios necessários" (GS 83/489).

"É obrigação gravíssima dos povos desenvolvidos ajudar os povos em via de desenvolvimento... Por isso, promovam em seu próprio ambiente as disposições espirituais e materiais necessárias para assentar as bases desta cooperação universal" (GS 86/497).

12. *Comprometemo-nos a partilhar, na caridade pastoral, nossa vida com nossos irmãos em Cristo, sacerdotes, religiosos e leigos, para que nosso ministério constitua um verdadeiro serviço, assim:*

- *esforçar-nos-emos para "revisar nossa vida" com eles;*
- *suscitaremos colaboradores para serem mais uns animadores segundo o espírito, do que uns chefes segundo o mundo;*
- *procuraremos ser o mais humanamente presente, acolhedores...;*
- *mostrar-nos-emos abertos a todos, seja qual for a sua religião (cf. Mc 8,34s; At 6,1-7; 1Tm 3,8-10).*

Texto bíblico

"E chamando a multidão com seus discípulos, Jesus lhes disse: 'Se alguém quiser seguir após mim, negue-se a si mesmo, carregue sua cruz e me siga. Pois quem quiser salvar a própria vida, a perderá. Mas quem perder a própria vida por causa de mim e do Evangelho, a salvará. De fato, o que adianta uma pessoa ganhar o mundo inteiro e ter a própria vida destruída? Pois o que uma pessoa daria em troca da própria vida? Se alguém se envergonhar de mim e de minhas palavras, no meio desta geração adúltera e pecadora, também o

Filho do Homem se envergonhará dele, quando vier na glória de seu Pai, com os santos anjos'" (Mc 8,34s).

"Nesses dias, o número dos discípulos tinha aumentado, e os helenistas começaram a queixar-se contra os hebreus, porque as viúvas deles eram deixadas de lado no atendimento diário. Os Doze convocaram a multidão dos discípulos e disseram: 'Não está certo que nós descuidemos da Palavra de Deus para servir às mesas. Procurem entre vocês, irmãos, sete homens de respeito, repletos do Espírito e de sabedoria, e nós os encarregaremos dessa tarefa. E nós assim nos ocuparemos com a oração e o serviço da Palavra'. A proposta agradou a toda a multidão. Então escolheram Estêvão, homem cheio de fé e do Espírito Santo; e também Filipe, Prócoro, Nicanor, Timon, Pármenas e Nicolau, um gentio de Antioquia que se convertera para a religião judaica. Foram apresentados aos apóstolos, que rezaram e impuseram as mãos sobre eles. E a Palavra do Senhor crescia. O número dos discípulos aumentava bastante em Jerusalém, e grande número de sacerdotes obedecia à fé" (At 6,1-7).

"Do mesmo modo, os diáconos sejam dignos de respeito e pessoas de palavra, não inclinados ao vinho em excesso nem cobiçosos de lucros desonestos. Que conservem o mistério da fé numa consciência pura. Também eles sejam provados primeiro, e só depois, se forem irrepreensíveis, exerçam a função de diáconos" (1Tm 3,8-10).

Texto conciliar

"No exercício de seu ofício de Pai e Pastor, estejam os bispos no meio dos seus como quem serve" (CD 16/1049).

"A fim de poderem cuidar do bem dos fiéis de maneira mais apropriada à condição de cada um, esforcem-se para conhecer-lhes a fundo as necessidades nas circunstâncias sociais em que vivem... Ainda lhe reconheçam o dever e mesmo o direito de colaborar ativamente na edificação do corpo místico de Cristo" (CD 16/1053).

"Interessem-se com especial amor pelos irmãos separados, recomendando outrossim aos fiéis que se esforcem com grande humanidade e caridade para com eles, fomentando igualmente o ecumenismo, como é entendido pela Igreja. Enfim, preocupem-se igualmente com os não batizados, para que também a eles brilhe a caridade de Cristo Jesus, cujas testemunhas são os bispos diante de todos" (CD 16/1054).

13. *"Tornados às nossas dioceses respectivas, daremos a conhecer aos nossos diocesanos a nossa resolução, rogando-lhes ajudar-nos por sua compreensão, seu concurso e suas preces.* AJUDE-NOS, DEUS, A SERMOS FIÉIS!"

Texto conciliar

"Nem omitam em suas preces de recomendar a Deus seus superiores que, com diligência, vigiam sobre nossas almas, quase como se por elas fossem responsáveis, para que o façam com alegria e não entre gemidos (cf. Hb 13,17)" (LG 37/96).

49

Texto de Dom Helder

Na noite de 30 de novembro para 1º de dezembro, Dom Helder Camara escreve aos seus colaboradores e colaboradoras do Recife e aos amigos e amigas do Rio de Janeiro. Partilha e comenta com eles os primeiros sete pontos do Pacto das Catacumbas. Na carta circular do dia seguinte comenta os demais pontos, até o treze. Introduz o tema escrevendo:

> Lembram-se do que foi planejado, em casa do Père Paul Gauthier, quanto a um compromisso a ser livremente assumido por Padres Conciliares que celebrassem nas Catacumbas? (...)

As concelebrações se multiplicam e todos os padres recebem a seguinte folha mimeografada: Projeto proposto por alguns bispos, ao final do Concílio Vaticano II. Seguem os pontos do Pacto, mas ao final Dom Helder ainda comenta:

Cardeal Montini, arcebispo de Milão,
antes de ser eleito Papa Paulo VI,
em visita a uma favela do Rio de Janeiro,
junto com Dom Helder Camara (junho de 1960).

Na palestra de hoje, no CCCC, ao comentar o capítulo sobre reforma dos Bispos, lerei [fl. 3] o Pacto de São Calixto...[13] Aliás, obrigamo-nos, de volta às Dioceses, a comunicá-lo aos nossos fiéis. No Recife, terei que combinar com o Governo Colegiado e com a Família, se e como há lugar, no momento, para divulgação. No Brasil, devemos ser uns 30 [bispos que assinaram o Pacto]. Mas o número aumentará sempre mais. Claro que é fundamental a adesão de Dom José [Lamartine]. Volto a perguntar: que tal uma Mensagem de regresso do Concílio, de Dom José e minha, extraída da palestra no CCCC (cf. a Circular de ontem) e com o anuncio do Pacto das Catacumbas? (...) Mandarei um projeto de texto, a Família refundirá ou rejeitará... Caso a ideia valha, a hora propícia de veicular o texto seria o encontro com o Clero, com as Religiosas e com os Leigos...[14]

Na madrugada seguinte de 1º para 2 de dezembro, volta-se a perguntar se, em vez do balanço do Concílio que apresentou em palestra em Roma, não devia ter apresentado simplesmente o Pacto das Catacumbas. Pergunta-se ainda se, retornando ao Recife, não poderia apresentá-lo com o programa de vida e a grande "notícia", fruto maduro do Concílio:

Não lhes parece que aí está uma bela Mensagem de regresso, [fl. 3] um belo programa de vida? Já pensaram se, ontem, ao invés da palestra que eu fiz, pura e simplesmente tivesse lido e comentado o Pacto das Catacumbas?...
Estou pensando numa experiência no Recife: logo na noite de 10, sou paraninfo de um Curso Superior de Jornalismo, da Universidade Católica de Pernambuco. Arranjarei um jeito de dizer que a jornalistas a gente homenageia com "notícia".

---

[13] Dom Helder, que não pôde estar presente na missa celebrada nas Catacumbas, comete aqui um engano, ao trocar as Catacumbas de Santa Domitila pelas Catacumbas de São Calixto.
[14] HC, Roma, 30/11 e 01/12/1965, circ 82ª,vol. III, Circulares conciliares, p. 302.

Anuncio, então, que, no dia em que eles se formam, entrego-lhes uma notícia que me parece fruto maduro do Vaticano II; notícia, como fico pedindo a Deus, que eles tenham sempre mais a divulgar...[15]

Mons. Enrique Angelelli, bispo de La Rioja na Argentina, signatário do Pacto das Catacumbas, morreu mártir a 04/08/1976, num acidente de carro provocado pelos militares.

---

[15] HC, Roma, 01 e 02/12/1965, circ 83ª IV, vol. III, Circulares conciliares, p. 306.

LISTA DOS BISPOS PRESENTES E CONCELEBRANTES

Na lista abaixo, estão consignados os nomes dos 42 bispos que estavam presentes ou concelebraram a missa presidida pelo bispo de Tournai, na Bélgica, Mons. Charles-Marie Himmer. De cada um, está indicado: o nome de sua diocese, prelazia ou arquidiocese; se já era emérito ou não; as sessões do Concílio nas quais tomou parte e sua posterior trajetória na Igreja. Outras pessoas, cujos nomes não aparecem na lista, participaram daquela missa, como Paul Gauthier e Marie--Thérèse, inspirador e inspiradora do grupo da Igreja dos Pobres, ou ainda o recém-ordenado bispo auxiliar de Vitória, ES, Dom Luiz Fernandes. Dom Helder Camara, um dos redatores do Pacto, não pôde participar por seu compromisso naquela manhã com a Comissão mista de redação da *Gaudium et Spes*, da qual era um dos titulares. Dentre eles, havia um grego melquita, Mons. Hakim de Nazaré, bispo de Acre (Akka), em Israel, posteriormente Patriarca de Antioquia, na Síria. Os demais pertenciam ao rito latino.

1. François MARTY (1904-1994), Bispo de Saint Flour (1952), Arcebispo de Reims (1960), Arcebispo de Paris (1968-1981), Cardeal (1969) (1ª, 2ª, 3ª e 4ª sessões do Vaticano II), FRANÇA.

2. Rafael GONZALEZ MORALEJO (1918-2004), Bispo Auxiliar de Valência (1958), Bispo de Huelva (1969-1993) (1ª, 2ª, 3ª e 4ª sessões do Vaticano II), ESPANHA.

3. Lucien Bernard LACOSTE (1905-1999, nascido na França), Bispo da Dali (Tali) (1948-1983) (2ª, 3ª e 4ª sessões do Vaticano II), CHINA.

4. Paul Joseph Marie GOUYON (1910-2000), Bispo de Bayonne (1957), Arcebispo Coadjutor de Rennes (1963), Arcebispo de Rennes (1964-1985), Cardeal (1969) (1ª, 2ª, 3ª e 4ª sessões do Vaticano II), FRANÇA.

5. Marcel O. MARADAN, OFMCap (1899-1975, nascido na França), Bispo de Port Victoria ou Seychelles (1937-1972) (1ª, 2ª, 3ª e 4ª sessões do Vaticano II), ILHAS SEYCHELLES.

6. Barthélemy-Joseph-Pierre-Marie-Henri HANRION, OFM (1914-2000, nascido na França), Prefeito Apostólico de Dapango (1960), Bispo de Dapango (1965-1984) (2ª, 3ª e 4ª sessões do Vaticano II), TOGO.

7. Georges MERCIER (1902-1991, nascido na França), Missionário da África – Padres Brancos, Prefeito Apostólico de Ghardaia no Sahara (1941), Vigário Apostólico de Ghardaia no Sahara (1948), Bispo de Laghouat (1955-1968) (1ª, 2ª, 3ª e 4ª sessões do Vaticano II), ARGÉLIA.

8. Charles Joseph van MELCKEBEKE (1898-1980, nascido na Bélgica), CICM (Congregação do Imaculado Coração de Maria), Vigário Apostólico de Ninghsia (1946), Bispo de Yinchuan (Ninghsia: 1946-1980), (1ª, 2ª, 3ª e 4ª sessões do Vaticano II), CHINA.

9. Antonio Gregoria VUCCINO (1891-1968, nascido na Itália), AA (Agostinianos da Assunção), Bispo de Syros e Milos (1937), Arcebispo de Corfu, Zante e Cefalônia (1947-1952, emérito) (1ª, 2ª, 3ª e 4ª sessões do Vaticano II), GRÉCIA.

10. Joseph GUFFENS, SJ (1895-1973, nascido na Bélgica), Coadjutor do Vigário Apostólico de Kwango (1946-1954, resignatário) (1ª, 2ª, 3ª e 4ª sessões do Vaticano II), CONGO (República Democrática do).

11. Tarcisius Henricus Joseph van VALENBERG, OFMCap (1890-1984, nascido na Holanda), Vigário Apostólico do Borneo holandês (1934-1957, resignatário como Vigário Apostólico de Pontianak) (1ª, 2ª, 3ª e 4ª sessões do Vaticano II), INDONÉSIA.

12. João Batista da MOTA e ALBUQUERQUE (1909-1984), Bispo do Espírito Santo (1957), Arcebispo de Vitória, ES (1958-1984) (1ª, 2ª, 3ª e 4ª sessões do Vaticano II), BRASIL.

13. Paul Marie KINAM, RO (1902-1984), Vigário Apostólico de Seul (1942), Arcebispo de Seul (1962-1967, emérito) (1ª, 2ª, 3ª e 4ª sessões do Vaticano II), COREIA DO SUL.

14. Francisco AUSTREGÉSILO DE MESQUITA FILHO (1924-2006), Bispo de Afogados da Ingazeira, PE (1961-2001) (1ª, 2ª, 3ª e 4ª sessões do Vaticano II), BRASIL.

15. Alberto DEVOTO (1918-1984), Bispo de Goya (1961-1984) (1ª, 2ª, 3ª e 4ª sessões do Vaticano II), ARGENTINA.

16. Enrico A. ANGELLELI CARLETTI (1923-1976), Bispo Auxiliar de Córdoba (1960), Bispo de La Rioja (1968-1976) (1ª, 3ª e 4ª sessões do Vaticano II), ARGENTINA – Assassinado pelos militares argentinos a 4 de agosto de 1976.

17. Raymond D'MELLO (1907-1971), Bispo de Mangalore (1959-1964), Bispo de Allahabad (1964-1969) (1ª, 2ª, 3ª e 4ª sessões do Vaticano II), ÍNDIA.

18. Eduardo Tomás BOZA MASVIDAL (1915-2003), Bispo Auxiliar de San Cristóbal de la Habana (1960-1963, emérito) (1ª, 2ª, 3ª e 4ª sessões do Vaticano II), CUBA.

19. Angelo Innocent FERNANDES (1913-2000), Arcebispo Coadjutor de Delhi (1959-1967), Arcebispo de Delhi (1967-1990) (1ª, 2ª, 3ª e 4ª sessões do Vaticano II), ÍNDIA.

20. Paul YU PIN (1901-1978), Vigário Apostólico de Nanking (Nanjing, 1936-1946), Arcebispo de Nanking (1946-1978), Cardeal (1969) (1ª, 2ª, 3ª e 4ª sessões do Vaticano II), CHINA.

21. Amand Louis Marie Antoine HUBERT, SMA (Sociedade das Missões Africanas) (1900-1980, nascido na França), Vigário Apostólico de Heliópolis do Egito (1959-1978) (1ª, 2ª, 3ª e 4ª sessões do Vaticano II), EGITO.

22. Joseph Albert ROSARIO, MSFS (Missionários de São Francisco de Sales), (1915-1995), Bispo de Amravati (1955-1995) (1ª, 2ª, 3ª e 4ª sessões do Vaticano II), ÍNDIA.

23. Gérard-Marie CODERRE (1904-1993), Bispo Coadjutor de Saint Jean de Quebec (1951-1955), Bispo de Saint Jean de Québec (1955-1978) (1ª, 2ª, 3ª e 4ª sessões do Vaticano II), CANADÁ.

24. Luigi BETTAZZI (1923-), Bispo Auxiliar de Bologna (1963-1966), Bispo de Ivrea (1966-1999, emérito) (2ª, 3ª e 4ª sessões do Vaticano II), ITÁLIA.

25. Venmani S. SELVANATHER (1913-1993), Bispo de Salem (1949-1973), Arcebispo de Pondcherry e Cuddalore (1973-1992) (1ª, 2ª, 3ª e 4ª sessões do Vaticano II), ÍNDIA.

26. Philip CÔTÉ, SJ (1895-1970, nascido nos Estados Unidos – USA), Vigário Apostólico de Suchow (Xuzhou) (1935-1946), Bispo de Xuzhou (1946-1970) (1ª, 2ª, 3ª e 4ª sessões do Vaticano II), CHINA.

27. José Alberto Lopes de CASTRO PINTO (1914-1997), Bispo Auxiliar de São Sebastião do Rio de Janeiro, RJ (1964-1976), Bispo de Guaxupé, MG (1976-1989) (3ª e 4ª sessões do Vaticano II), BRASIL.

28. Julius ANGERHAUSEN (1911-1990), Bispo Auxiliar de Essen (1959-1986), (1ª, 2ª, 3ª e 4ª sessões do Vaticano II), ALEMANHA.

29. George-Hilaire DU PONT, OMI (Oblatos de Maria Imaculada) (1919-1975, nascido na França), Bispo de Pala (1964-1975) (3ª e 4ª sessões do Vaticano II), CHADE.

30. Oscar SEVRIN, SJ (1894-1975, nascido na Bélgica), Bispo de Ranchi (1934-1951), Bispo de Raigarh-Ambikapur (1951-1957, emérito) (1ª, 2ª, 3ª e 4ª sessões do Vaticano II), ÍNDIA.

31. Stanislau TIGGA (1898- 1970), Bispo Coadjutor de Raigarh-Ambikapur (1955-1957), Bispo de Raigarh-Ambikapur (1957-1970) (1ª, 2ª, 3ª e 4ª sessões do Vaticano II), ÍNDIA.

32. Antoon DEMETS, CSSR (Congregação do Santíssimo Redentor) (1905 a 2000, nascido na Bélgica), Bispo Coadjutor de Roseau (1946-1954, emérito) (1ª, 2ª, 3ª e 4ª sessões do Vaticano II), DOMINICA – ANTILHAS.

33. Henrique Hector GOLLAND TRINDADE, OFM (1897-1984), Bispo de Bonfim, BA (1941-1948), Bispo de Botucatu, SP (1948-1958), Arcebispo de Botucatu, SP (1958-1968) (1ª, 2ª, 3ª e 4ª sessões do Vaticano II), BRASIL.

34. Adrien-Edmond-Maurice GAND (1907-1990), Bispo Coadjutor de Lille (1964-1968), Bispo de Lille (1968-1983) (3ª e 4ª sessões do Vaticano II), FRANÇA.

35. George HAKIM (1908-2001, nascido no Egito), Bispo de Akka (grego-melquita), em Israel (1943-1964), Arcebispo de São João d'Acre e Ptolemaida (grego-melquita), em Israel (1964-1967), Patriarca de Antioquia na Síria (1967-2000) (1ª, 2ª, 3ª e 4ª sessões do Vaticano II), ISRAEL.

36. Marcel DAUBECHIES, M.Afr. (1897-1988, nascido na França), Vigário Apostólico de Bangueolo – Zâmbia (1950-1959), Bispo de Kasama – Zâmbia (1959-1964, emérito) (1ª, 2ª, 3ª e 4ª sessões do Vaticano II), ZÂMBIA.

37. Michel-Jules-Joseph-Marie BERNARD, CSSp (1911-1993, nascido na França), Vigário Apostólico de Conakry, Guiné (1950-1954), Vigário Apostólico de Brazzaville, Congo (1954-1955), Arcebispo de Brazzaville (1955-1964, resignatário), Arcebispo de Nouakchott, Mauritânia (1966-1973) (1ª, 2ª, 3ª e 4ª sessões do Vaticano II), CONGO-BRAZZAVILLE.

38. René-Désiré-Romain BOISGUERAIN, MEP (Sociedade das Missões Estrangeiras) (1901-1998, nascido na França), Vigário Apostólico de Suifu (Yibin), China (1946-1983, emérito) (1ª, 2ª, 3ª e 4ª sessões do Vaticano II), CHINA.

39. Josip PAVLISIC (1914-2005), Bispo Auxiliar de Senj (-Modrus), Croácia (1951-1969), Arcebispo Coadjutor de Rijeka-Senj, Croácia (1969-1974), Arcebispo de Rijeka-Senj (1974-1990) (1ª, 2ª, 3ª e 4ª sessões do Vaticano II), IUGOSLÁVIA (Croácia).

40. Henri Alfred Bernardin HOFFMANN (1909-1979, nascido na França), Prefeito Apostólico de Djibouti (1945-1957), Bispo de Djibouti, OFMCap (1957-1979) (1ª, 2ª, 3ª e 4ª sessões do Vaticano II), DJIBOUTI.

41. Antônio Batista FRAGOSO (1920-2006), Bispo Auxiliar de São Luiz do Maranhão (1957-1964), Bispo de Crateús, CE (1957-1998) (1ª, 2ª, 3ª e 4ª sessões do Vaticano II), BRASIL.

42. Charles-Marie HIMMER (1902-1994), Bispo de Tournai (1949-1977) (1ª, 2ª, 3ª e 4ª sessões do Vaticano II), BÉLGICA.[16]

---

[16] Fonte: *Archives Conciliaires C. Himmer*, n. 91 – Université Catholique de Louvain. Para os dados de cada bispo, sua participação nas sessões do Concílio e sua ulterior trajetória, a pesquisa é do autor.

LISTA DOS BISPOS POR PAÍSES
(nominal para a América Latina e o Caribe)

Argentina – 2

1. Alberto DEVOTO (1918-1984), Bispo de Goya (1961-1984) (1ª, 2ª, 3ª e 4ª sessões do Vaticano II), ARGENTINA.
2. Enrico A. ANGELLELI CARLETTI (1923-1976), Bispo Auxiliar de Córdoba (1960), Bispo de La Rioja (1968-1976) (1ª, 3ª e 4ª sessões do Vaticano II), ARGENTINA.

Brasil – 5

1. João Batista da MOTA e ALBUQUERQUE (1909-1984), Bispo do Espírito Santo (1957), Arcebispo de Vitória, ES (1958-1984) (1ª, 2ª, 3ª e 4ª sessões do Vaticano II), BRASIL.
2. Francisco AUSTREGÉSILO DE MESQUITA FILHO (1924-2006), Bispo de Afogados da Ingazeira, PE (1961-2001) (1ª, 2ª, 3ª e 4ª sessões do Vaticano II), BRASIL.
3. José Alberto Lopes de CASTRO PINTO (1914-1997), Bispo Auxiliar de São Sebastião do Rio de Janeiro, RJ (1964-1976), Bispo de Guaxupé, MG (1976-1989 resignatário) (3ª e 4ª sessões do Vaticano II), BRASIL.
4. Henrique Hector GOLLAND TRINDADE, OFM (1897-1984), Bispo de Bonfim, BA (1941-1948), Bispo de Botucatu, SP (1948-1958), Arcebispo de Botucatu, SP (1958-1968) (1ª, 2ª, 3ª e 4ª sessões do Vaticano II), BRASIL.
5. Antônio Batista FRAGOSO (1920-2006), Bispo Auxiliar de São Luiz do Maranhão (1957-1964), Bispo de Crateús, CE (1957-1998) (1ª, 2ª, 3ª e 4ª sessões do Vaticano II), BRASIL.

Cuba – 1

1. Eduardo Tomás BOZA MASVIDAL (1915-2003), Bispo Auxiliar de San Cristóbal de la Habana (1960-1963, resignatário) (1ª, 2ª, 3ª e 4ª sessões do Vaticano II), CUBA.

Dominica – 1

1. Antoon DEMETS, CSSR (Congregação do Santíssimo Redentor) (1905 a 2000, nascido na Bélgica), Bispo Coadjutor de Roseau (1946-1954, resignatário) (1ª, 2ª, 3ª e 4ª sessões do Vaticano II), DOMINICA – ANTILHAS.

No total, 42 firmantes de 25 países nos vários continentes, com exceção da Oceania.

LISTA DOS BISPOS POR CONTINENTES

África – 9
Togo (1), Argélia (1), Congo (1), Egito (1), Chade (1), Zâmbia (1), Congo Brazzaville (1), Djibouti (1), Ilhas Seychelles (1).

América do Norte – 1
Canadá (1).

América Latina e Caribe – 9
Argentina (2), Brasil (5), Cuba (1), Dominica (1).

Ásia – 13
China (5), Indonésia (1), Coreia do Sul (1), Índia (6).

Europa – 9
França (3), Espanha (1), Grécia (1), Itália (1), Alemanha (1), Croácia (Iugoslávia) (1), Bélgica (1).

Oriente Médio – 1
Israel (1).

‹ON‹LU$ÃO

Queremos finalizar este reencontro com o Concílio e com o Pacto das Catacumbas colhendo os frutos que produziu na consciência eclesial e na prática eclesial atual. O compromisso com os pobres está no centro da proposta do Papa Francisco, na sua Exortação pós-sinodal *Evangelii Gaudium*, da qual reproduzimos um pequeno trecho, quando trata, no capítulo IV, "A dimensão social da evangelização", sobre a inclusão social dos pobres.

186. Deriva da nossa fé em Cristo, que se fez pobre e sempre se aproximou dos pobres e marginalizados, a preocupação pelo desenvolvimento integral dos mais abandonados da sociedade.
Unidos a Deus, ouvimos um clamor
187. Cada cristão e cada comunidade são chamados a ser instrumentos de Deus ao serviço da libertação e promoção dos pobres, para que possam integrar-se plenamente na sociedade; isto supõe estar docilmente atentos, para ouvir o clamor do pobre e socorrê-lo. Basta percorrer as Escrituras, para descobrir como o Pai bom quer ouvir o clamor dos pobres: "Eu bem vi a opressão do meu povo que está no Egito, e ouvi o seu clamor diante dos seus inspetores; conheço, na verdade, os seus sofrimentos. Desci a fim de os libertar (...). E agora, vai; Eu te envio..." (Ex 3,7-8.10). E ele mostra-se solícito com as suas necessidades: "Os filhos de Israel clamaram, então, ao Senhor, e o Senhor enviou-lhes um salvador" (Jz 3,15). Ficar surdo a este clamor, quando somos os instrumentos de Deus para ouvir o pobre, coloca-nos fora da vontade do Pai e do seu projeto, porque esse pobre "clamaria ao Senhor contra ti, e aquilo tornar-se-ia para ti um pecado" (Dt 15,9). E a falta de solidariedade, nas suas necessidades, influi diretamente sobre a nossa relação com Deus: "Se te amaldiçoa na amargura da sua alma, aquele que o criou ouvirá a sua oração" (Eclo 4,6). Sempre retorna a antiga pergunta: "Se

alguém possuir bens deste mundo e, vendo o seu irmão com necessidade, lhe fechar o seu coração, como é que o amor de Deus pode permanecer nele?" (1Jo 3,17). Lembremos também com quanta convicção o Apóstolo São Tiago retomava a imagem do clamor dos oprimidos: "Olhai que o salário que não pagastes, aos trabalhadores que ceifaram os vossos campos, está a clamar; e os clamores dos ceifeiros chegaram aos ouvidos do Senhor do universo" (5,4).

188. A Igreja reconheceu que a exigência de ouvir este clamor deriva da própria obra libertadora da graça em cada um de nós, pelo que não se trata de uma missão reservada apenas a alguns: "A Igreja, guiada pelo Evangelho da Misericórdia e pelo amor ao homem, escuta o clamor pela justiça e deseja responder com todas as suas forças". Nesta linha, se pode entender o pedido de Jesus aos seus discípulos: "Dai-lhes vós mesmos de comer" (Mc 6,37), que envolve tanto a cooperação para resolver as causas estruturais da pobreza e promover o desenvolvimento integral dos pobres, como os gestos mais simples e diários de solidariedade para com as misérias muito concretas que encontramos (EG 186-188).

O Pacto das Catacumbas foi assinado em clima de oração e como um compromisso eclesial e espiritual. Na sua última encíclica, a *Laudato Si'*, sobre o cuidado com a casa comum, o Papa Francisco lembra que as maiores vítimas da degradação ambiental e da cultura do descarte são de novo os pobres (LS 43-47):

> O ambiente humano e o ambiente natural degradam-se em conjunto; e não podemos enfrentar adequadamente a degradação ambiental, se não prestarmos atenção às causas que têm a ver com a degradação humana e social. De fato, a deterioração do meio ambiente e a da sociedade afetam de modo especial os mais frágeis do planeta: "Tanto a experiência comum da vida quotidiana como a investigação científica demonstram que os

efeitos mais graves de todas as agressões ambientais recaem sobre as pessoas mais pobres" (LS 48).

Conclui sua encíclica com um convite à oração, desdobrando-o em duas preces. Reproduzimos a primeira, em que todas as pessoas que creem em Deus, nas diferentes religiões, são convidadas a se unirem na mesma oração e no mesmo compromisso de resgate da vida dos abandonados e esquecidos da terra e de salvaguarda de toda a criação.

Assim diz o papa:

> Depois desta longa reflexão, jubilosa e ao mesmo tempo dramática, proponho duas orações: uma que podemos partilhar todos quantos acreditam num Deus Criador Onipotente, e outra pedindo que nós, cristãos, saibamos assumir os compromissos com a criação que o Evangelho de Jesus nos propõe.

Oração pela nossa terra

Deus Onipotente,
que estais presente em todo o universo
e na mais pequenina das vossas criaturas,
vós que envolveis com a vossa ternura
tudo o que existe,
derramai em nós a força do vosso amor
para cuidarmos da vida e da beleza.
Inundai-nos de paz,
para que vivamos como irmãos e irmãs
sem prejudicar ninguém.
Ó Deus dos pobres,
ajudai-nos a resgatar
os abandonados e esquecidos desta terra
que valem tanto aos vossos olhos.
Curai a nossa vida,
para que protejamos o mundo

e não o depredemos,
para que semeemos beleza
e não poluição nem destruição.
Tocai os corações
daqueles que buscam apenas benefícios
à custa dos pobres e da terra.
Ensinai-nos a descobrir o valor de cada coisa,
a contemplar com encanto,
a reconhecer que estamos profundamente unidos
com todas as criaturas
no nosso caminho para a vossa luz infinita.
Obrigado porque estais conosco todos os dias.
Sustentai-nos, por favor, na nossa luta
pela justiça, o amor e a paz (LS 246).

SUMÁRIO

Introdução 9
Local da celebração Catacumbas de Santa Domitila 25
Assinatura do Pacto das Catacumbas 27
Pacto das Catacumbas 29
Lista dos bispos presentes e concelebrantes 53
Lista dos bispos por países 61
Lista dos bispos por continentes 63
Conclusão 65

Impresso na gráfica da
Pia Sociedade Filhas de São Paulo
Via Raposo Tavares, km 19,145
05577-300 - São Paulo, SP - Brasil - 2018